AF318549

TABLEAU GÉNÉRAL

SUR LES

DÈGRÉS DE PARENTÉ.

TABLEAU GÉNÉRAL

SUR LES

DEGRÉS DE PARENTÉ

ET SUR

L'ORDRE DES SUCCESSIONS RÉGULIÈRES;

Par Charles MARTIN,

AVOCAT A LA COUR ROYALE DE PARIS.

***

Paris,

ALEX - GOBELET, LIBRAIRE,
RUE SOUFFLOT, N° 4, PRÈS L'ÉCOLE DE DROIT.
MANSUT FILS, LIBRAIRE,
RUE DE L'ÉCOLE DE MÉDECINE, N° 4.

1828.

IMPRIMERIE DE C. THUAU,
RUE DU CLOÎTRE SAINT-BENOÎT, N° 4.

AVERTISSEMENT.

Dans les différens ouvrages qui jusqu'ici ont été publiés sur les successions, on trouve des tableaux généalogiques, que presque tous les auteurs ont cru nécessaire d'imaginer pour rendre plus faciles l'intelligence et l'application des dispositions principales de la loi sur cette matière. Ces tableaux, aussi ingénieux qu'ils puissent être, ne sont applicables qu'à certains cas particuliers, et par cela même me paraissent incomplets. Aussi est-ce sous ce dernier rapport seulement que j'entreprends de donner quelques nouvelles explications sur les successions régulières, en publiant un tableau général que j'avais conçu pendant mes annéee d'étude, d'après les leçons de M. Morand et d'après une première idée que m'en avait donnée M. Crochet, l'un de mes confrères.

Ce tableau, sur lequel se trouvent inscrits tous les parens qu'un individu peut avoir jusqu'au sixième degré, est applicable à toutes les espèces qui peuvent se présenter, et même peut être étendu indéfiniment. Le seul obstacle qu'on pourra éprouver en voulant lui faire embrasser un plus grand nombre de degrés, sera de ne pouvoir pas qualifier par des noms propres des parens qui, par leur éloignement, commenceraient à se confondre, et qui, d'ailleurs, seraient bien rarement à considérer.

C'est par ces différens motifs que, tout en m'aidant du droit romain, j'ai dû arrêter le tableau au sixième degré. N'ayant pas de mots qui, dans notre langue, puissent exprimer les ascendans au-dessus des trisaïeuls et trisaïeules, et les descendans au-dessous des arrière-petits-fils ou arrière-petites filles, ni pour re-

présenter plusieurs collatéraux, j'ai dû
adopter la nomenclature romaine dont je
donne l'explication.

Pour pouvoir ensuite l'appliquer à notre
droit français, j'ai rappelé les différens
articles du Code civil concernant la représentation et la manière de compter les degrés, afin qu'on ne soit pas obligé de s'y
reporter continuellement.

Quant à la manière de le tracer et
de l'expliquer, j'ai cru aussi pouvoir
m'aider de moyens géométriques, per-
suadé que, dans une matière aussi impor-
tante et aussi abstraite, il serait à propos
de procéder avec une exactitude toute ma-
thématique.

Aussi, s'il est vrai qu'à la seule inspec-
tion de ce tableau on puisse voir facilement tous les parens qui peuvent avoir

droit à la succession d'un individu; s'il est vrai que leur degré de parenté soit exactement déterminé, et qu'on ne soit pas obligé de le chercher par la computation; s'il est vrai enfin qu'on puisse l'appliquer aux différens articles du Code civil qui règlent le partage entre les divers concurrens, j'aurai épargné aux praticiens des momens précieux, en leur facilitant des recherches qui quelquefois pourraient ne pas être exactes; j'aurai présenté aux élèves les moyens de saisir facilement la théorie des successions régulières; j'aurai satisfait l'ambition que j'ai de pouvoir me rendre utile.

TABLEAU GÉNÉRAL

SUR LES

DEGRÉS DE PARENTÉ

ET SUR

L'ORDRE DES SUCCESSIONS RÉGULIÈRES.

DES SUCCESSIONS RÉGULIÈRES.

La matière des successions est, sans contredit, une de celles qui ont plus spécialement occupé le législateur. Intéressant la Société tout entière, elle mérite une étude particulière et est vraiment digne de fixer l'attention des plus graves jurisconsultes. Aussi a-t-elle été traitée avec beaucoup de profondeur par divers auteurs anciens et modernes, notamment par M. Chabot (de l'Allier).

Déterminer quel sera celui qui succédera à un individu mort sans avoir disposé de ses biens ; quels seront ceux qui y auront un droit égal ; ceux qui exclueront ou qui seront exclus par d'autres ; enfin ceux qui n'y auront aucun droit, ou qui n'en auront que subsidiairement, tels sont les principaux objets que le législateur a eus en vue.

Pour bien fixer ces principes, il a dû poser des bases solides. Aussi a-t-il commencé par établir à quel moment une succession sera ouverte ; quelles seront les présomptions qui devront être admises, lorsqu'à défaut des circonstances de fait, il s'agira de déterminer quel est celui qui a survécu ou qui a péri le dernier dans un événement qui a donné la mort à plusieurs personnes appelées à la succession l'une de l'autre ; quelles seront les qualités requises pour succéder ; quel sera l'ordre de succéder parmi les différentes personnes qui y sont appelées.

Ensuite et après ces considérations générales, il a divisé les successions en régulières et irrégulières ; fait connaître ce que c'est que la parenté, ce que c'est que la représentation, et comment se comptent les degrés dans les successions régulières. Ce sont ces derniers principes qu'il nous importe surtout de rappeler pour en venir à l'application que nous voulons en faire.

« La parenté est une série de générations (arg. de l'art. 735), ou, si on l'aime mieux, suivant M. Chabot, elle est la liaison qui existe, par le sang et la nature, entre deux ou plusieurs personnes, dont les unes descendent médiatement ou immédiatement des autres, ou qui descendent les unes et les autres d'un auteur commun.

« La proximité de parenté s'établit par le nombre des générations ; chaque génération s'appelle un degré (735).

» La suite des degrés forme la ligne : on appelle *ligne directe*, la suite des degrés entre personnes qui descendent l'une de l'autre ; *ligne collatérale*, la suite des degrés entre personnes qui ne descendent pas les unes des autres, mais qui descendent d'un auteur commun. On distingue la ligne directe en ligne directe descendante, et ligne directe ascendante. La première est celle qui lie le chef avec ceux qui descendent de lui; la deuxième est celle qui lie une personne avec ceux dont elle descend (736).

« En ligne directe, on compte autant de degrés qu'il y a de générations entre les personnes : ainsi, le fils est, à l'égard du père, au premier degré; le petit-fils, au second; et réciproquement du père et de l'aïeul, à l'égard des fils et petits-fils (737).

« En ligne collatérale, les degrés se comptent par les générations, depuis l'un des parens jusques et non compris l'auteur commun, et depuis celui-ci jusqu'à l'autre parent. Ainsi deux frères sont au deuxième degré; l'oncle et le neveu sont au troisième degré; les cousins-germains, au quatrième; ainsi de suite (738).

« La représentation est une fiction de la loi, dont l'effet est de faire entrer les représentans dans la place, dans le degré et dans les droits du représenté (739).

« La représentation a lieu à l'infini dans la ligne directe descendante. Elle est admise dans tous les cas, soit que les enfans du défunt concourent avec les descendans d'un enfant prédécédé, soit que, tous les enfans du défunt étant morts avant lui, les descendans desdits enfans se trouvent entre eux en degrés égaux ou inégaux (740).

« La représentation n'a pas lieu en faveur des ascendans; le plus proche, dans chacune des deux lignes, exclut toujours le plus éloigné (741).

« En ligne collatérale, la représentation est admise en faveur des enfans et descendans des frères ou sœurs du défunt, soit qu'ils viennent à sa succession concurremment avec des oncles ou tantes, soit que, tous les frères et sœurs du défunt étant prédécédés, la succession se trouve dévolue à leurs descendans en degrés égaux ou inégaux (742).

« Dans tous les cas où la représentation est admise, le partage s'opère par souche : si une même souche a produit plusieurs branches, la subdivision se fait aussi par souche dans chaque branche, et les membres de la même branche partagent entre eux par tête (743).

« On ne représente pas les personnes vivantes, mais seulement celles qui sont mortes naturellement ou civilement. On peut représenter celui à la succession duquel on a renoncé (744). »

Maintenant, comme nous avons dit que la loi

détermine l'*ordre de succéder*, d'après les articles 735 et 737 que nous venons de rappeler,
on pourrait naturellement être porté à croire
que cet *ordre* doit s'établir par la proximité des
degrés, de manière, par exemple, que les ascendans et les descendans du premier degré
soient appelés ensemble et par égale portion,
à la succession de celui dont on s'occupe. Il
est donc important de faire remarquer, dès à
présent, qu'il n'en est pas tout-à-fait ainsi
(731, 733, 734).

La loi a établi certaines préférences entre
les parens du même degré, et en cela elle
s'est conformée à un ordre de choses fixé par
la nature elle-même. Ainsi, dès le premier
degré, elle a dû choisir entre les père et
mère et les enfans; elle a opté pour ces derniers, parce qu'ils doivent nécessairement
être considérés comme ayant été les premiers
dans les affections du défunt; parce qu'ils sont
appelés à se perpétuer, tandis que les autres
sont destinés à s'anéantir; parce qu'enfin,

succéder, qui signifie *venir à la suite*, est plus le propre des descendans que des ascendans. Il était donc naturel que les ascendans, qui, pour ainsi dire, ont déjà existé, fussent exclus par les descendans qui, d'ailleurs, sont toujours dans l'obligation de pourvoir à leur subsistance. Pour les degrés subséquens, les mêmes motifs ont aussi fait accorder certaines préférences aux frères et sœurs ou leurs descendans, qui, toutefois, viennen tconcurremment avec les père et mère, mais qui excluent tous les autres parens quels qu'ils soient. Enfin, ce n'est qu'après ces préférences que la proximité de parenté détermine l'ordre de succéder parmi les autres parens, sauf encore quelques exceptions lorsqu'il s'y mêle des ascendans.

Quant au mode de partage entre ces derniers et entre collatéraux, la loi a aussi établi que la succession se divise en deux parties égales ; l'une pour les parens de la ligne paternelle, l'autre pour les parens de la ligne maternelle : qu'ensuite cette première division étant faite, il n'y a plus lieu à une seconde division ou *refente* entre les parens de chaque ligne ; mais que le partage se fait entre eux de manière que le plus proche en degré prend à lui seul la part affectée à sa ligne, sauf le cas de la représentation.

Ce n'est aussi que lorsqu'il ne se trouve aucun parent au degré successible dans l'une des deux lignes, que la dévolution s'opère en faveur de l'autre ligne.

EXPLICATION DU TABLEAU.

La ligne verticale AB représente la ligne directe, ascendante et descendante. Le milieu de cette ligne est le point où l'on place ordinairement celui dont on veut connaître la parenté, de manière que les numéros 1, 2, 3, 4, 5, 6, qui se trouvent placés au-dessus de ce point, indiquent les degrés de parenté dans la ligne ascendante; et les numéros 1, 2, 3, 4, 5, 6, qui se trouvent placés au-dessous représentent les degrés de parenté dans la ligne descendante.

Les lignes horizontales, formant des angles droits avec la première, et dont, pour chacune d'elles, les points également éloignés de celui d'intersection avec la verticale sont aussi également éloignés d'un point quelconque pris sur cette même verticale, représentent des parens qui, pris deux à deux, sont également éloignés d'un même auteur commun.

Les lignes courbes aux points où elles coupent les lignes horizontales, et à ceux où elles rencontrent la verticale, indiquent tous les parens qui se trouvent également éloignés de celui que l'on considère, et dont les degrés de parenté sont déterminés par les chiffres placés aux points de rencontre sur la verticale.

Les lignes brisées à leur point d'intersection avec les lignes courbes et les horizontales marquent les parens collatéraux à différens degrés de celui dont on s'occupe.

La ligne verticale descendante représente aussi les descendans qui excluent sans distinction tous les autres parens, quels qu'ils puissent être ; de même que les deux premières lignes brisées, les plus rapprochées de la verticale, représentent les collatéraux qui, à défaut de descendans, excluent les autres parens, à l'exception seulement de ceux qni se trouvent au point où elles rencontrent la verticale.

2.

Enfin d'un côté de la ligne verticale se trouvent placés tous les parens de la ligne paternelle, et de l'autre côté, tous les parens de la ligne maternelle. Il faut toutefois en excepter ceux inscrits sur les deux lignes brisées dont nous venons de parler ; car on sait qu'ils appartiennent également aux deux divisions. La manière même dont se trouvent inscrits les ascendans peut aussi les faire considérer comme appartenant ou à la ligne paternelle, ou à la ligne maternelle, parce qu'on peut supposer que ceux du second degré, par exemple, soient les auteurs ou du père ou de la mère. Les noms employés pour désigner les descendans, tels que ceux de *fils* ou *fille*, *petit-fils* ou *petite-fille*, peuvent encore rappeler que les enfans succèdent sans distinction de sexe ni de primogéniture.

Cela posé, voici comment on peut faire l'application de ce tableau pour déterminer les degrés de parenté, et l'ordre de succéder.

En désignant par *ego* celui dont on veut connaître la parenté, on trouve que ses parens sont :

Au 1er degré, les père et mère, *pater, mater;* les fils ou fille, *filius, filia;*

Au 2e degré, les aïeul et aïeule, *avus, avia;* les petits enfans, *nepos, neptis;* le frère, *frater,* la sœur, *soror;*

Au 3e degré, les bisaïeul et bisaïeule, *pro-avus, proavia;* les arrière-petits enfans, *pronepos, proneptis;* les oncle ou tante paternels, *patruus, amita;* les oncle ou tante maternels, *avunculus, matertera;* les enfans du frère, *fratris filius, filia;* les enfans de la sœur, *sororis filius, filia;*

Au 4e degré, les ascendans du 4e degré, *abavus, abavia;* les descendans du 4e degré, *abnepos, abneptis;* les grand-oncle ou grand'tante paternels, *patruus magnus, amita magna;* les grand-oncle ou grand'tante maternels, *avunculus magnus, matertera magna;* les enfans des oncle ou tante paternels, *patrui, amitæ filius, filia*; les enfans des oncle ou tante maternels, *avunculi, materteræ filius, filia*; les petits-enfans du frère, *fratris nepos, neptis*; les petits enfans de la sœur, *sororis nepos, neptis*;

Au 5e degré, les ascendans du 5e degré, *atavus, atavia*; les descendans du 5e degré, *adnepos, adneptis*; les arrière-grand-oncle ou grand'tante paternels, *propatruus, proamita*; les arrière-grand-oncle ou grand'tante maternels, *proavunculus, promatertera*; les enfans du grand-oncle ou grand'tante paternels, *patrui magni, amitæ magnæ filius, filia*; les enfans des grand-oncle ou grand'tante maternels, *avunculi magni, materteræ magnæ filius, filia*; les petits-enfans des oncle ou tante paternels, *patrui, amitæ nepos, neptis*; les petits-enfans des oncle ou tante maternels, *avunculi, materteræ nepos, neptis*; les arrière-petits enfans du frère, *fratris pronepos, proneptis*; les arrière-petits-enfans de la sœur, *sororis pronepos, proneptis*;

Au 6e degré, les ascendans du 6e degré,

tritavus, *tritavia* ; les descendans du 6ᵉ degré, *trinepos*, *trineptis* ; les oncle ou tante paternels du 6ᵉ degré, *abpatruus*, *abamita* ; les oncle ou tante maternels du 6ᵉ degré, *abavunculus*, *abmatertera* ; les enfans des arrière –grand-oncle ou grand'tante paternels, *propatrui*, *proamitæ filius*, *filia* ; les enfans des arrière-grand-oncle ou grand'tante maternels, *proavunculi promaterteræ filius*, *filia* ; les petits-enfans des grand-oncle ou grand'tante paternels, *patrui magni*, *amitæ magnæ nepos*, *neptis* ; les petits-enfans des grand-oncle ou grand'tante maternels, *avunculi magni*, *materteræ magnæ nepos*, *neptis* ; les arrière-petits-enfans des oncle ou tante paternels, *patrui*, *amitæ pronepos*, *proneptis* ; les arrière-petits-enfans des oncle ou tante maternels ; *avunculi*, *materteræ pronepos*, *pronepts* ; les descendans du frère au 4ᵉ degré, *fratris abnepos*, *abneptis* ; les descendans de la sœur, au 4ᵉ degré *sororis abnepos*, *abneptis.*

Cette énumération et cette classification qui peuvent paraître ennuyeuses, et que par cela même il est bon d'arrêter au 6ᵉ degré, font connaître évidemment, et aussi exactement qu'il est possible, quels sont les parens qui peuvent se trouver également éloignés de *ego*; de telle sorte que, pour déterminer l'ordre de succéder, il ne reste plus qu'à se rappeler ce que nous avons dit relativement aux préférences qu'il faut accorder à certains parens.

De cette classification il résulte aussi divers moyens pour déterminer les degrés de parenté qui existent dans chacune des deux lignes, entre les collatéraux de *ego* : nous nous bornerons à faire connaître celui qui nous est fourni par la disposition même du tableau, et qui est tout à la fois le plus important et le plus général.

On sait que tous les descendans de *ego* appartiennent également aux deux lignes paternelles et maternelles, et que conséquemment ils sont les seuls qui se trouvent en rapport avec tous les collatéraux. C'est pour connaître ces rapports que l'on peut utilement employer le moyen dont nous parlons, et qui consiste à

additionner entre eux les chiffres représentant
les degrés de parenté des individus que l'on
veut considérer. Ainsi l'on trouve que les descendans au 6e degré de *ego*, par exemple, sont
au 12e degré des ascendans et des collatéraux
inscrits sur le sixième cercle ; qu'ils sont au 11^e
degré des ascendans et des collatéraux inscrits
sur le 5e cercle ; au 10e degré de ceux inscrits
sur le 4e cercle ; au 9e degré de ceux inscrits
sur le 3e cercle, et ainsi de suite pour chacun
de ces descendans avec les parens de la ligne
paternelle ou de la ligne maternelle.

Quant aux autres moyens qui résultent de
l'arrangement du tableau, tels par exemple que
le rapport qui existe entre les parens inscrits
sur les lignes horizontales et ceux inscrits sur
la verticale, comme ils sont particuliers à chacune des deux lignes paternelle et maternelle,
et qu'il faut nécessairement commencer par
supposer que les ascendans de *ego* appartiennent tantôt à l'une, tantôt à l'autre de ces deux
lignes, nous nous abstiendrons de les présenter

et nous les suppléerons par celui que nous four-
nit l'article 738. Ainsi, par exemple, pour savoir
quel est le degré de parenté qui existe entre
les enfans de l'oncle paternel et les petits-enfans de la grand'tante paternelle, il faudra
d'abord remonter jusqu'à l'auteur commun,
qui est ici le bisaïeul, ensuite redescendre jusqu'aux petits-enfans et compter autant de degrés
qu'il y aura de générations ; on trouvera que
ces individus sont entre eux au 6ᵉ degré. Il en
sera de même du côté de la ligne maternelle,
entre les enfans d'un oncle ou d'une tante, et
les petits-enfans d'un grand-oncle ou d'une
grand'tante, etc.

Par ce même moyen on trouvera tout aussi
facilement que les enfans des oncle ou tante
paternels, par exemple, qui sont tous au 4ᵉ
degré de *ego*, sont aussi également éloignés
d'un ascendant commun, ou d'un descendant
quelconque de *ego* : il en sera de même pour
les enfans des oncle ou tante maternels par rapport aux ascendans de la même ligne et aux

descendans de *ego;* mais, remarquons-le bien, sans qu'il y ait pour cela le moindre rapport de parenté entre les premiers et les derniers.

Du reste, ces différens moyens seront bien rarement employés, parce que ce sera toujours au centre du tableau qu'il faudra transporter celui dont on voudra déterminer la parenté.

Maintenant que *ego* est entouré de tous ses parens, jusqu'au 6ᵉ degré, si l'on veut s'occuper de partager sa succession entre tous ces individus, on voit qu'il est facile d'appliquer au tableau les dispositions du code civil concernant les successions régulières.

En effet, supposons que *ego* soit mort sans avoir disposé de ses biens. D'après le vœu de la loi (745.), il faut que sa succession soit nécessairement dévolue à tous ceux qui le représentent, c'est-à-dire à tous ses descendans légitimes, qui la partageront par égales portions et par tête, s'ils sont tous au premier degré et appelés de leur chef, ou qui la partageront par souche, s'ils viennent tous ou en partie par représentation.

A défaut absolu de ces descendans, car ils ne souffrent de concurrence avec qui que ce soit, la loi appelle les parens au 1er degré, c'est-à-dire, les père et mère; mais ceux-ci viennent conjointement avec les collatéraux du 2e degré, et par conséquent ne succèdent seuls qu'à défaut de frères et sœurs ou de leurs descendans, que pour plus de simplicité je regarde, ici, comme étant du 2e degré par la fiction de la représentation. Ainsi, s'il sont seuls, d'après l'article 746, la succession se divisant par moitié entre les ascendans de la ligne paternelle et les ascendans de la ligne maternelle, le père aura une moitié, la mère l'autre moitié. Si l'un d'eux est prédécédé en laissant des ascendans, d'après le même article, la moitié qui était destinée à sa ligne passe aux ascendans immédiatement supérieurs en degré, qui la partagent également s'ils existent tous deux, ou qui est recueillie en totalité par le survivant d'entre eux, et ainsi de suite........Si enfin dans l'une des deux il ne se trouve aucun ascendant et aucun collatéral au degré successible, la moitié qui était affectée à cette ligne va accroître celle qui était dévolue à l'autre ligne (753, 755). Si, au contraire, les père et mère viennent en concurrence avec les plus proches collatéraux, l'article 748 divise la succession en deux portions égales, dont une seulement est déférée aux père et mère qui la partagent entre eux également, l'autre appartient aux frères, sœurs ou descendans d'eux. Si le père ou la mère n'existe plus, la part qu'il aurait recueillie (le quart) se réunit à la moitié déférée aux frères, sœurs ou descendans d'eux (749, 751), et le partage se fait de la manière qui va être indiquée.

A défaut d'ascendant au 1er degré, les parens collatéraux du 2e succèdent, eux ou leurs représentans, à l'exclusion de tous autres. Cette succession se règle pour eux, d'après les articles 733, 752, et pour leurs

descendans d'après l'article 743. Ainsi, à l'é-
gard des frères et sœurs, s'ils sont tous du
même lit, le partage de la totalité, de la moitié ou des trois quarts qui leur sont dévolus
aux termes des articles 750 et 751, s'opère entre eux par égales portions ; et, s'ils sont de lits
différens, la division se fait par moitié entre
les deux lignes paternelle et maternelle du défunt ; les germains prennent part dans les deux
lignes, et les utérins ou consanguins chacun
dans leur ligne seulement. S'il n'y a des frères
ou sœurs que d'un côté, ils succèdent à la totalité, à l'exclusion de tous autres parens de
l'autre ligne (752).

A défaut de frères ou sœurs, ou de descendans d'eux, et à défaut d'ascendans dans l'une
ou l'autre des deux lignes, la succession est
déférée par moitié aux ascendans survivans ;
et, pour l'autre moitié, aux parens les plus
proches de l'autre ligne. Dans ce cas, si parmi
les ascendans survivans se trouve le père ou la
mère, celui-ci ou celle-ci a l'usufruit du tiers

des biens auxquels les autres parens succèdent en propriété (753 , 754). Si dans aucune des deux lignes il ne se trouve d'ascendans, la succession se divise, dans chacune d'elles, entre les plus proches parens collatéraux, de telle manière que, s'il y a concours entre ceux d'un même degré, ils partagent par tête. S'il n'y a plus de collatéraux dans une des deux lignes, ceux de l'autre partagent de même toute la succession (753 , 755).

Enfin, s'il y a défaut *absolu* des descendans, et qu'aucun autre parent au 12e degré de *ego* ne lui ait survécu, alors il n'y a plus d'héritier proprement dit, et par cela même la succession se règle par un nouvel ordre qui est appelé *irrégulier*.

N'ayant pas à nous occuper de ce nouveau mode de succéder, nous terminerons l'explication que nous avons entreprise, en faisant une application plus spéciale du tableau.

APPLICATION DU TABLEAU

AUX DIFFÉRENTES ESPÈCES QUI PEUVENT SE PRÉSENTER.

En résumant tout ce que nous avons dit, il résulte que les parens qui peuvent être appelés à une succession se divisent en trois classes, et sont nécessairement ou descendans, ou ascendans, ou collatéraux. Ceux-ci peuvent se trouver seuls, ou bien venir en concurrence ; et cela nous porte directement à examiner les différentes combinaisons qui peuvent en résulter. Or nous savons qu'en principe trois termes, pris deux à deux, donnent six compositions différentes : donc nous aurons, 1° des descendans concurrant entre eux ; 2° des ascendans concurrant entre eux ; 3° des collatéraux concurrant entre eux ; 4° des ascendans concurrant avec des collatéraux ; 5° des ascendans concurrant avec des descendans ; 6° des collatéraux concurrant avec des descendans. De ces six combinaisons, on voit évidemment que les deux dernières ne peuvent pas exister ; car, d'après ce que nous avons dit, les descendans excluent tous les autres parens, et ne sont jamais en concurrence avec eux. Reste donc à examiner les quatre autres : ce que nous faisons par des exemples.

PREMIER EXEMPLE.

Des Descendans concurrant entre eux.

Supposons que *ego* laisse à son décès plusieurs descendans, par exemple, un fils et une fille, et des petits-enfans d'eux ; il en résultera que les premiers partageront également entre eux, parce qu'ils sont au 1er degré, et qu'ils excluent ceux du 2e (article 745) : ainsi la succession étant de 200,000 fr., le fils aura 100,000 fr., la fille 100,000 fr. Il en sera de même pour les petits-enfans, en supposant que les fils ou fille soient prédécédés, parce qu'alors ils viendront prendre la place de leurs père et mère (740), etc. Si le fils est prédécédé, mais en laissant des enfans, ceux-ci, quoiqu'au 2e degré, viendront, par représentation, partager avec leur tante la succession de leur aïeul (740); mais ce partage se fera par souche (745), c'est-à-dire que la tante prendra à elle seule 100,000 fr., et que les petits-enfans prendront à eux tous les autres 100,000 fr., qu'ils partageront entre eux également : il en serait de même si le fils, au lieu d'enfans, avait laissé des petits-enfans. Si enfin l'un des enfans laisés par le fils venait à mourir avant l'ouverture de la succession, en laissant lui-même un descendant, le partage s'opérerait de même que précédemment, c'est-à-dire que ce descendant viendrait concurremment avec la fille et les petits-enfans, et prendrait la part qui aurait été dévolue à son père.

Ainsi l'on voit, dans ce premier exemple, que, lorsque les descendans sont entre eux au même degré, ils partagent également et par tête; et que, quand l'un de ceux qui sont au même degré décède en laissant des descendans, ceux-ci, à quelque degré et en quelque nombre qu'ils soient, viennent prendre sa place et partager par souche avec les premiers.

DEUXIÈME EXEMPLE.

Des Ascendans concurrant entre eux.

Supposons que *ego*, mort sans postérité, n'ait laissé d'autres parens que des ascendans, comme par exemple, son père, sa mère, ses aïeux et aïeules, etc. ; il en résulterait que le père et la mère qui sont au 1er degré de *ego*, prendront toute la succession qu'ils partageront également entre eux (746), de manière qu'ils auront chacun 100,000 fr. Si le père étant prédécédé, il se trouve exister les deux aïeux paternels, ceux-ci prendront les 100,000 fr. appartenant à la ligne paternelle, et les partageront également entre eux ; si l'un d'eux est aussi prédécédé, celui qui reste prendra seul les 100,000 fr. : il en serait de même pour le cas du prédécédé de la mère. Mais, si dans l'une, comme dans l'autre ligne, il se trouvait tous les ascendans, autres que les père et mère et les aïeuls, alors dans chacune d'elles le partage se ferait par tête entre les ascendans qui se trouveraient tous au degré le plus proche de *ego*, parce que nous nous rappelons qu'il n'y a pas de *refente* après que la succession a été divisée entre les deux lignes, et que nous savons que les ascendans vont dans une progression croissante, qui est 2, 4, 8, 16, 32, etc. Ainsi, ayant déjà prévu le cas des aïeuls, qui ne sont que deux dans chaque ligne, si nous supposons maintenant que, dans l'une des deux lignes, il ne soit resté que trois bisaïeuls au lieu de quatre, ces trois bisaïeuls, étant tous au degré le plus proche, partageront par tête la moitié affectée à leur ligne, et auront chacun le tiers de 100,000 : il en sera ainsi pour les autres ascendans jusqu'au douzième degré. Enfin, si aucun ascendant du douzième degré n'a survécu dans l'une des deux lignes, celui ou ceux qui se trouveront dans l'autre, au degré le plus proche de *ego*, prendront toute la succession (746, 755).

Il faut ici remarquer que, si les biens qui composent la succession de *ego* lui avaient été donnés par quelques-uns de ses ascendans, ceux-ci lui succéderaient seuls et à l'exclusion de tous autres parens, lorsque lesdits biens se trouveraient en nature, ou bien ils recueilleraient le prix qui pourrait en être dû par suite d'aliénations. Ils succéderaient aussi à l'action en reprise que pouvait avoir le donataire (747). Voyez M. Chabot (de l'Allier) sur cet article.

TROISIÈME EXEMPLE.

Des Collatéraux concurrant entre eux.

Supposons que *ego* laisse à son décès un frère et une sœur germains, des descendans d'eux, et autres collatéraux, tels que des oncles ou tantes ; il en résultera d'abord que les frères et sœurs, ou leurs descendans, excluront les autres collatéraux et même les ascendans autres que les père et mère. Ensuite, s'il n'y a pas d'enfans issus de quelque autre frère ou sœur prédécédé, les deux qui existent dans notre exemple, se trouvant plus rapprochés de *ego* que ne le sont leurs propres descendans, partageront également entr'eux les 200,000 fr. que nous pouvons toujours supposer être la fortune de *ego*. Si, au contraire, il existe des enfans d'un frère ou d'une sœur prédécédés, ceux-ci, venant représenter leur père ou leur mère, coucourront avec leur oncle et leur tante, et prendront le tiers de 200,000 fr. qu'ils partageront également entre eux : ce même mode de partage aurait lieu entre les descendans que l'un des enfans viendrait à laisser, et qui recueilleraient la portion du tiers qui serait échue à leur père (750). Si le frère et la sœur sont prédécédés, le partage se fait par souche (743); les enfans du frère, en quelque nombre qu'ils soient, prennent les 100,000 fr. qui lui étaient dévolus, et les enfans de la sœur, les autres 100,000 fr. ; si tous les descendans du frère, jusqu'au 12ᵉ degré sont aussi prédécédés, la succession est recueillie en entier par la sœur ou ses descendans. Enfin, si les frères et sœurs sont morts sans postérité, la succession de *ego* se partage entre tous les autres collatéraux, qui sont d'abord ses oncle ou tante paternels, ses oncle ou tante maternels; chacun de ceux-ci, dans sa ligne, prend une portion égale à celle de son concurrent, comme nous le verrons dans l'exemple suivant.

Maintenant, si nous supposons que le frère laissé par *ego* soit *consanguin*, et que la sœur soit *utérine*, le partage de la succession s'opérera entre eux d'après l'article 733 , c'est-à-dire que les 200,000 fr. se diviseront moitié pour la ligne paternelle , moitié pour la ligne maternelle ; le frère prendra la moitié affectée à sa ligne, la sœur prendra l'autre moitié. Mais si nous supposons un troisième frère *germain,* celui-ci, ayant droit dans les deux lignes , partagera par tête avec ceux qui se trouveront dans chacune d'elle : ainsi , il aura la moitié des 100,000 fr. affectés à la ligne paternelle, et la moitié des 100,000 fr. affectés à la ligne maternelle ; par conséquent il prendra à lui seul la moitié de toute la succession, tandis que chacun des deux autres n'en aura que le quart. Si le frère consanguin et ses descendans étaient prédécédés , le frère germain aurait les trois-quarts. Il en serait de même pour le cas où, au lieu de toute la succession, les frères ou sœurs n'en auraient que la moitié ou les trois-quarts à partager entre eux (752). Dans tous les cas, les descendans de tous ces frères ou sœurs partageraient entre eux, comme nous l'avons dit plus haut (743).

QUATRIÈME EXEMPLE.

Des Ascendans concurrant avec des Collatéraux.

Supposons que *ego*, mort sans postérité, ait laissé des ascendans, des frères et sœurs avec leurs descendans et autres collatéraux; il en résultera d'abord que les frères ou sœurs, d'après ce que nous avons dit, viendront concourir avec les père et mère seulement, et exclueront tous les autres ascendans. Ainsi les 200,000 fr. se partageront en deux parties égales, 100,000 appartiendront aux père et mère qui auront chacun 50,000 fr.; et 100,000 fr. aux frères ou sœurs qui partageront, comme nous l'avons dit dans l'exemple précédent. Si le père ou la mère est prédécédé, sa part accroîtra celles des frères et sœurs qui auront les trois-quarts des 200,000 fr. à se partager d'après l'article 751 qui a spécialement prévu ce cas. Si les père et mère sont prédécédés, toute la succession appartiendra aux frères et sœurs, parce qu'ils excluent tous les autres ascendans ou collatéraux qui peuvent rester (750). Ce que nous veonns de dire pour les frères ou sœurs s'applique exactement à leurs descendans qui viendraient remplacer ceux d'entre eux qui seraient prédécédés (742, 750).

Maintenant, si nous supposons que le concours ait lieu avec des collatéraux autres que les frères ou sœurs ou leurs descendans, on trouvera que les père et mère prendront chacun la moitié de la succession, et qu'ils exclueront, chacun dans leur ligne, les collatéraux. Si ceux-ci sont morts, l'ascendant ou les ascendans qui sont au degré le plus proche recueilleront la moitié affectée à leur ligne (746), en excluant aussi les autres collatéraux. Si tous les ascendans de l'une des deux lignes sont prédécédés, alors seulement la moitié affectée à cette ligne se partagera entre les collatéraux; et encore faudra-t-il que l'usufruit du tiers de cette moitié appartienne au père ou à la mère qui aurait survécu dans l'autre ligne (753, 754.) Ainsi, si dans la ligne paternelle il ne reste aucun ascendant jusqu'au 12ᵉ degré, les 100,000 fr. qui lui étaient destinés appartiendront, d'abord, aux oncles ou tantes paternels, qui partageront entre eux par tête; ensuite, et à leur défaut, aux grand-oncles ou grand'tantes paternels et aux cousins et cousines qui partageront tous par tête (753), car parmi ces collatéraux il n'y a plus lieu à représentation (742). Il en serait de même pour tous ceux qui viendraient à des degrés plus éloignés. Si enfin les ascendans des deux lignes n'existent plus, le partage se fera de la même manière pour la totalité de la succession (733, 742, 753, 755).

FIN.

TABLEAU GÉNÉRAL
Sur les degrés de Parenté et sur l'ordre des successions régulières.

www.ingramcontent.com/pod-product-compliance
Ingram Content Group UK Ltd.
Pitfield, Milton Keynes, MK11 3LW, UK
UKHW021716130726
13696UKWH00004B/1854